Impressum
Verlag: BABADADA GmbH, Nedderfeld 112 , 22529 Hamburg
Geschäftsführer / Verlagsleitung: Harald Hof
Druck: Books on Demand GmbH, In de Tarpen 42, 22848 Norderstedt

Imprint
Publisher: BABADADA GmbH, Nedderfeld 112 , 22529 Hamburg, Germany
Managing Director / Publishing direction: Harald Hof
Print: Books on Demand GmbH, In de Tarpen 42, 22848 Norderstedt

學校

məktəb

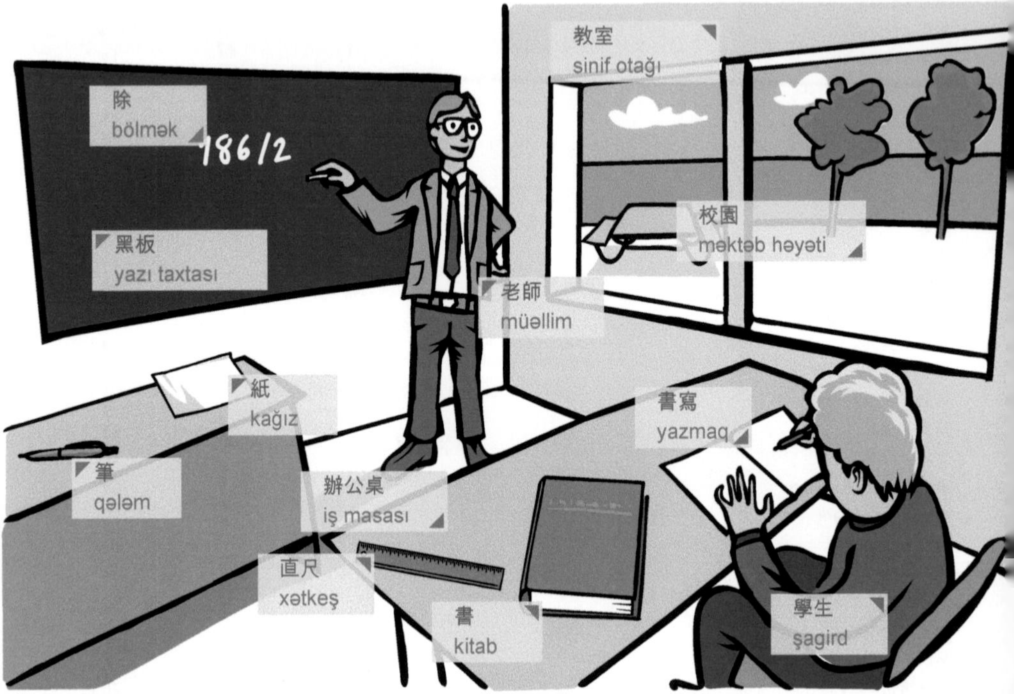

教室
sinif otağı
除
bölmək
186/2
黑板
yazı taxtası
校園
məktəb həyəti
老師
müəllim
紙
kağız
書寫
yazmaq
筆
qələm
辦公桌
iş masası
直尺
xətkeş
書
kitab
學生
şagird

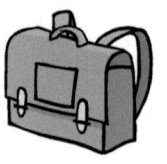

書包

məktəbli çantası

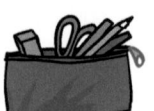

鉛筆盒

karandaş qabı

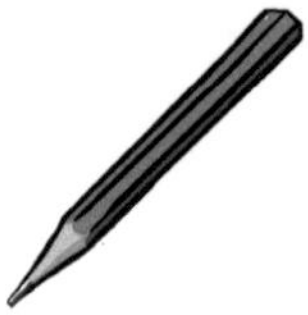

鉛筆

karandaş

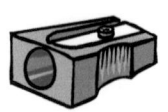

削鉛筆機

karandaş yonan

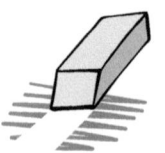

橡皮擦

pozan

畫板

rəsm albomu

圖畫
rəsm

畫筆
boya fırçası

顏料盒
boya qutusu

剪刀
qayçı

膠水
yapışdırıcı

練習冊
dəftər

家庭作業
ev tapşırığı

數字
say

加
əlavə etmək

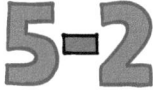

減
çıxmaq

乘
vurmaq

計算
hesablamaq

字母
hərf

ABCDEFG HIJKLMN OPQRSTU VWXYZ

字母表
əlifba

hello

字
söz

課文
mətn

讀
oxumaq

粉筆
tabaşir

上課
dərs

登記
sinif jurnalı

考試
imtahan

證書
təhsil haqqında sənəd

校服
məktəb uniforması

教育
təhsil

百科全書
ensiklopediya

大學
universitet

顯微鏡
mikroskop

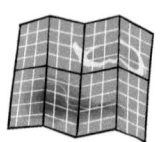

地圖
xəritə

廢紙簍
zibil qutusu

旅行
səyahət

飯店
mehmanxana
Grand
青年旅社
yataqxana
ROOMS
CHANGE
幣兌換處
alyuta mübadiləsi məntəqəsi
手提箱
çamadan
汽車
avtomobil

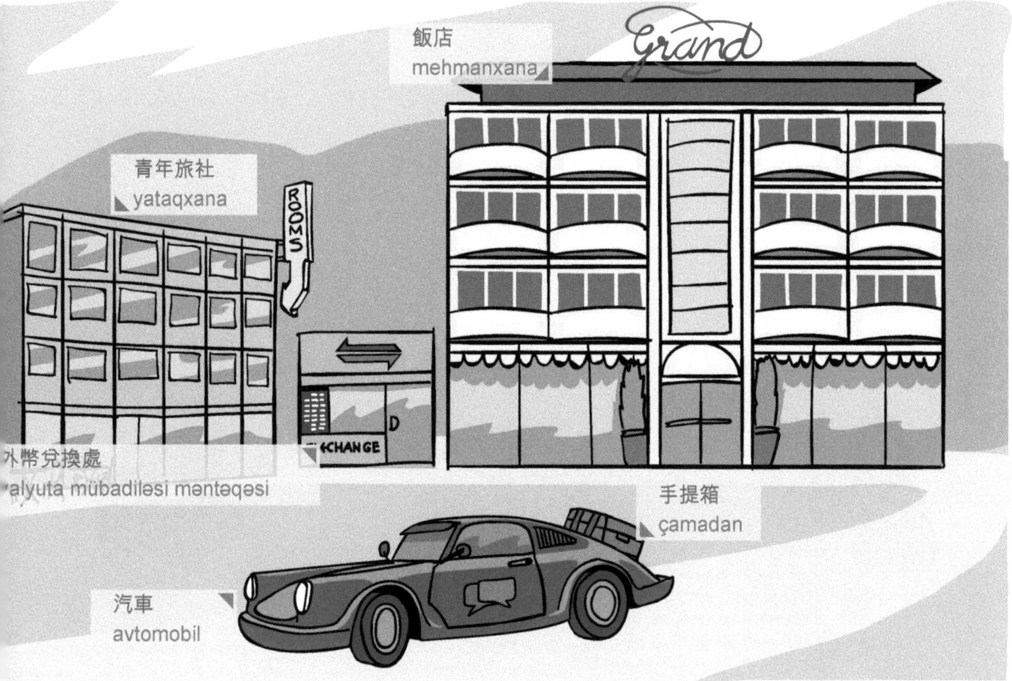

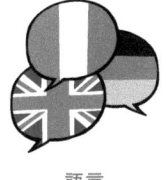

語言

dil

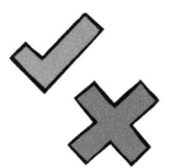

是/否

bəli/xeyr

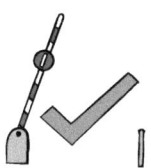

好的

oldu

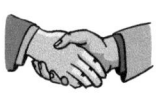

您好

salam

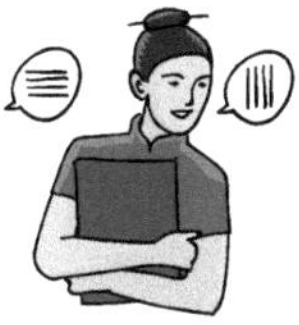

翻譯人員

tərcüməçi

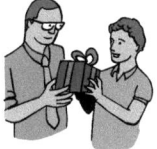

謝謝

Təşəkkür edirəm

……多少錢？

giyməti nə qədərdir …?

我不明白

mən başa düşmürəm

問題

problem

晚上好！

Axşamınız xeyir!

早上好！

Sabahınız xeyir!

晚安！

Gecəniz xeyrə galsin!

再見

hələlik

方向

istiqamət

行李

baqaj

包

torba

背包

kürək çantası

客人

qonaq

房間

otaq

睡袋

yataq-çuval

帳篷

çadır

旅行資訊

turistlər üçün məlumat

海灘

çimərlik

信用卡

kredit kartı

早餐

səhər yeməyi

午餐

günorta yeməyi

晚餐

nahar yeməyi

票

bilet

電梯

lift

郵票

poçt markası

邊界

sərhəd

海關

gömrük

大使館

səfirlik

簽證

viza

護照

pasport

交通運送

nəqliyyat

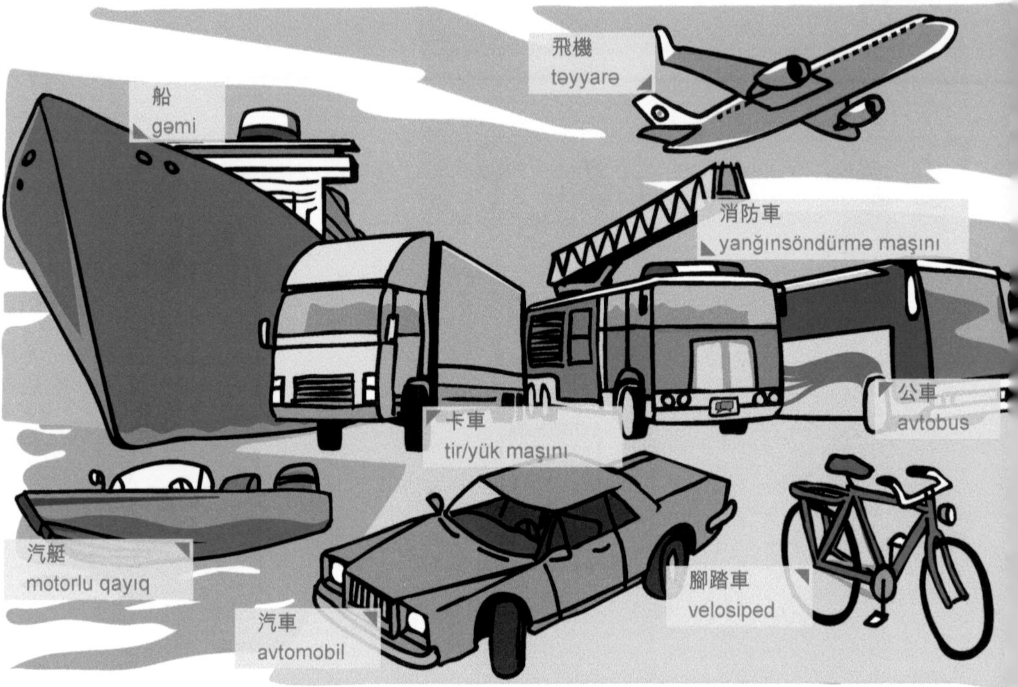
飛機
təyyarə
船
gəmi
消防車
yanğınsöndürmə maşını
公車
avtobus
卡車
tir/yük maşını
汽艇
motorlu qayıq
腳踏車
velosiped
汽車
avtomobil

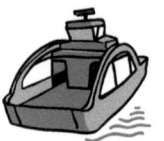

渡輪

bərə

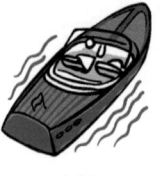

小船

qayıq

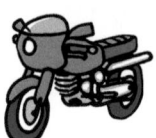

機車

motosiklet

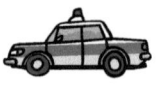

警車

polis avtomobili

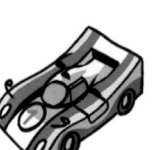

賽車

yarış avtomobili

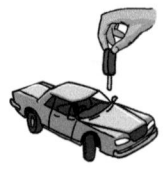

租車

icarə avtomobili

拼車

avtomobil icarəsi

拖車

texniki yardım maşını

垃圾車

zibil maşını

馬達

mühərrik

汽油

yanacaq

加油站

benzin doldurma məntəqəsi

交通標識

yol nişanı

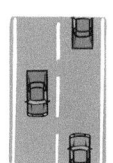

交通

yol hərəkəti

交通堵塞

tıxac

停車場

avtomobil dayanacağı

火車站

dəmir yolu stansiyası

軌道

dəmiryol

火車

qatar

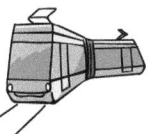

路面電車

tramvay

客車廂

vaqon

直升機
helikopter

機場
hava limanı

塔
qüllə

乘客
sərnişin

集裝箱
konteyner

紙板箱
karton qutu

手推車
əl arabası

籃子
səbət

起飛/降落
qalxmaq / enmək

城市
şəhər

村莊
kənd

市中心
şəhər mərkəzi

房子
ev

電影院
kino

廣告
reklam

路燈
küçə lampası

街道
küçə

計程車
taksi

小吃店
qəlyənaltı dükanı

行人
piyada keçidi

人行道
səki

斑馬線
zebra keçid

垃圾箱
zibil qabı

十字路口
yol qovşağı

紅綠燈
işıqfor

小屋
daxma

公寓
mənzil

火車站
dəmir yolu stansiyası

市政廳
bələdiyyə binası

博物館
muzey

學校
məktəb

城市 - şəhər

大學
universitet

銀行
bank

醫院
xəstəxana

飯店
mehmanxana

藥房
aptek

辦公室
ofis

書店
kitab dükkanı

商店
dükan

花店
çiçək dükanı

超市
supermarket

市場
bazar

百貨商店
univermaq

魚店
balıq satıcısı

購物中心
ticarət mərkəzi

海港
liman

公園

park

長凳

oturacaq

橋

körpü

樓梯

pilləkən

捷運

metro

隧道

tunel

公車站

avtobus dayanacağı

酒吧

bar

餐館

restoran

郵筒

poçt qutusu

路標

küçə nişanı

停車計時器

parkinq sayğacı

動物園

zoopark

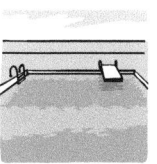

游泳池

üzgüçülük hovuzu

清真寺

məscid

農場

ferma

污染

ətraf mühitin çirklənməsi

墓地

məzarlıq

教堂

kilsə

操場

oyun meydançası

寺廟

məbəd

地形

mənzərə

樹葉
yarpaq

指示牌
yol nişanı

路
yol

草地
çəmən

石頭
daş

徒步旅行者
piyada səyyah

樹
ağac

河
çay

草
ot

花
gül

峽谷

vadi

丘陵

təpə

湖

göl

森林

meşə

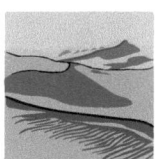

沙漠

səhra

火山

vulkan

城堡

qəsr

彩虹

göy qurşağı

蘑菇

göbələk

棕櫚樹

palma

蚊子

ağcaqanad

蒼蠅

milçək

螞蟻

qarışqa

蜜蜂

arı

蜘蛛

hörümçək

甲蟲

böcək

青蛙

qurbağa

松鼠

dələ

刺蝟

kirpi

野兔

dovşan

貓頭鷹

bayquş

鳥

quş

天鵝

qu quşu

野豬

qaban

鹿

maral

麋鹿

sığın

水壩

su bəndi

風力發電機

külək turbini

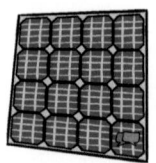

太陽能電池板

günəş batareyası

氣候

iqlim

餐館

restoran

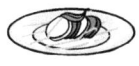

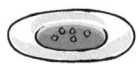

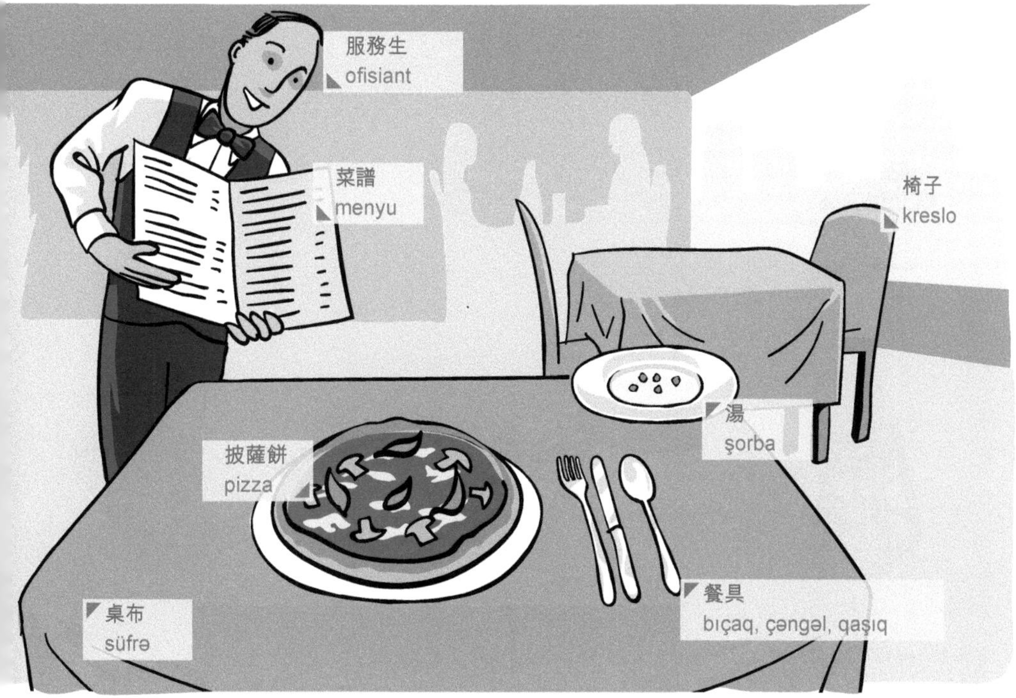

服務生
ofisiant
菜譜
menyu
椅子
kreslo
湯
şorba
披薩餅
pizza
餐具
bıçaq, çəngəl, qaşıq
桌布
süfrə

前菜

məzə

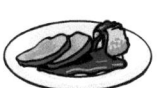

主菜

əsas yemək

甜點

desert

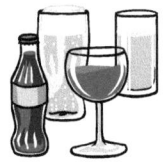

飲料

içkilər

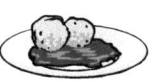

食物

yemək

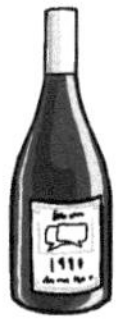

瓶子

şüşə

速食
fast food

街邊小吃
küçə yeməkləri

茶壺
çaynik

糖盒
qəndqabı

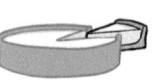

一份飯菜
pay

義式咖啡機
espresso maşını

高腳椅
hündür uşaq kreslosu

帳單
faktura

托盤
nimçə

刀
bıçaq

餐叉
çəngəl

勺子
qaşıq

茶匙
çay qaşığı

餐巾
salfet

玻璃杯
şüşə

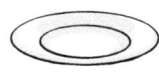

碟子

boşqab

湯盤

şorba boşqabı

碟子

nəlbəki

醬

sous

鹽瓶

duz qabı

胡椒研磨罐

bibərüyüdən

醋

sirkə

食用油

duru yağ

調味料

ədviyyat

番茄醬

ketçup

芥末

xardal

美乃滋

mayonez

超市

supermarket

特價
xüsusi təklif
FOR
顧客
müştəri
乳製品
süd məhsulları
水果
meyvə
購物車
alış-veriş arabası

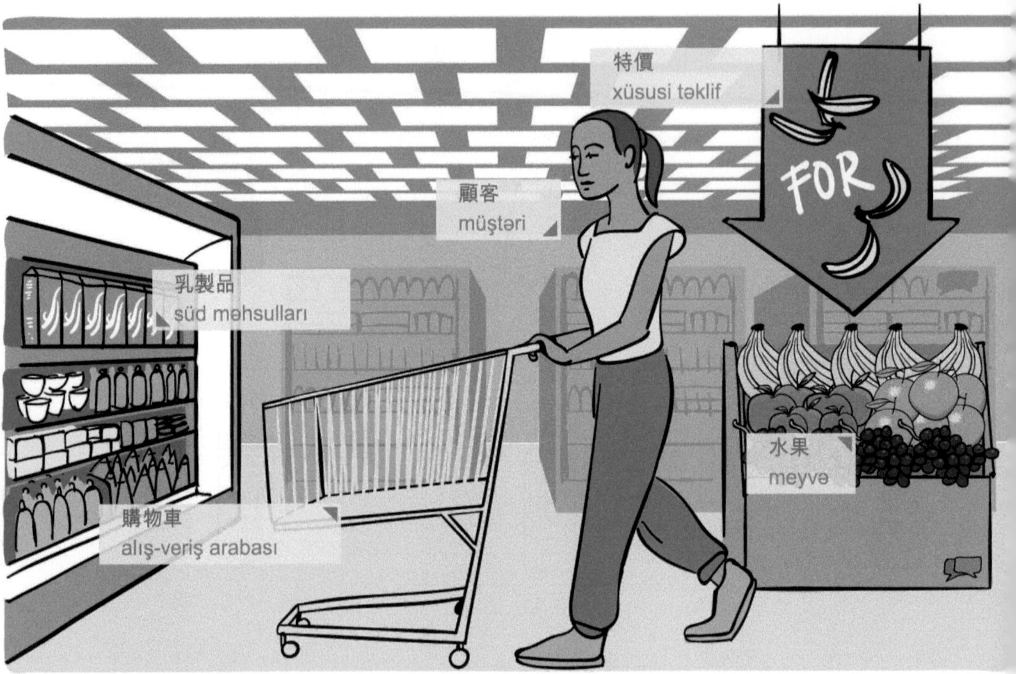

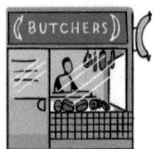

BUTCHERS

肉鋪

qəssab dükanı

BAKERY

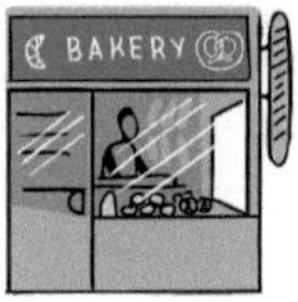

麵包店

çörəkçi

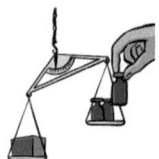

稱重

çəkmək

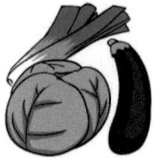

蔬菜

tərəvəz

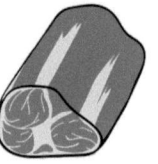

肉

ət

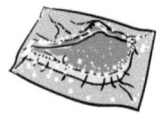

冷凍食品

dondurulmuş qida

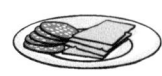

冷盤

soyuq ət yeməyi

罐頭食品

konservləşdirilmiş qida

洗衣粉

yuyucu toz

甜食

şirniyyat

日用品

təsərrüfat malları

清潔用品

yuyucu vasitələr

銷售員

satıcı

收銀機

kassa

收銀員

kassir

購物清單

alış-veriş siyahısı

開放時間

iş saatları

錢包

pul kisəsi

信用卡

kredit kartı

袋子

torba

塑膠袋

plastik torba

超市 - supermarket

水

su

果汁

şirə

牛奶

süd

可樂

cola

紅酒

şərab

啤酒

pivə

酒

alkoqollu içkilər

可可

kakao

茶

çay

咖啡

qəhvə

義式濃縮咖啡

espresso

卡布奇諾

kapuçino

香蕉

banan

蘋果

alma

柳丁

portağal

西瓜

yemiş

檸檬

limon

胡蘿蔔

yerkökü

大蒜

sarımsaq

竹子

bambuq

洋蔥

soğan

蘑菇

göbələk

堅果

qoz-fındıq

麵條

əriştə

義大利麵
spagetti

米飯
düyü

沙拉
salat

薯條
cips

炸馬鈴薯
qızardılmış kartof

披薩餅
pizza

漢堡
hamburger

三明治
sandviç

炸豬排
eskalop

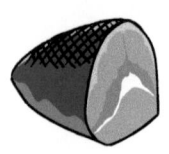

火腿
hisə verilmiş donuz əti

義大利臘腸
salyami

香腸
kolbasa

雞肉
toyuq

烤肉
qızardılmış ət tikəsi

魚
balıq

燕麥片

yulaf yarması

木斯里

müsli

玉米片

partlaq qarğıdalı

麵粉

un

牛角麵包

kruassan

麵包捲

bulka

麵包

çörək

吐司

tost

餅乾

peçenye

奶油

kərə yağı

凝乳

kəsmik

蛋糕

tort

蛋

yumurta

煎蛋

qayğanaq

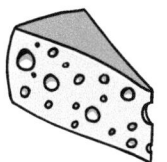

起司

pendir

冰淇淋

dondurma

糖

şəkər

蜂蜜

bal

果醬

mürəbbə

巧克力醬

şokolad pastası

咖哩

köri

農場
ferma

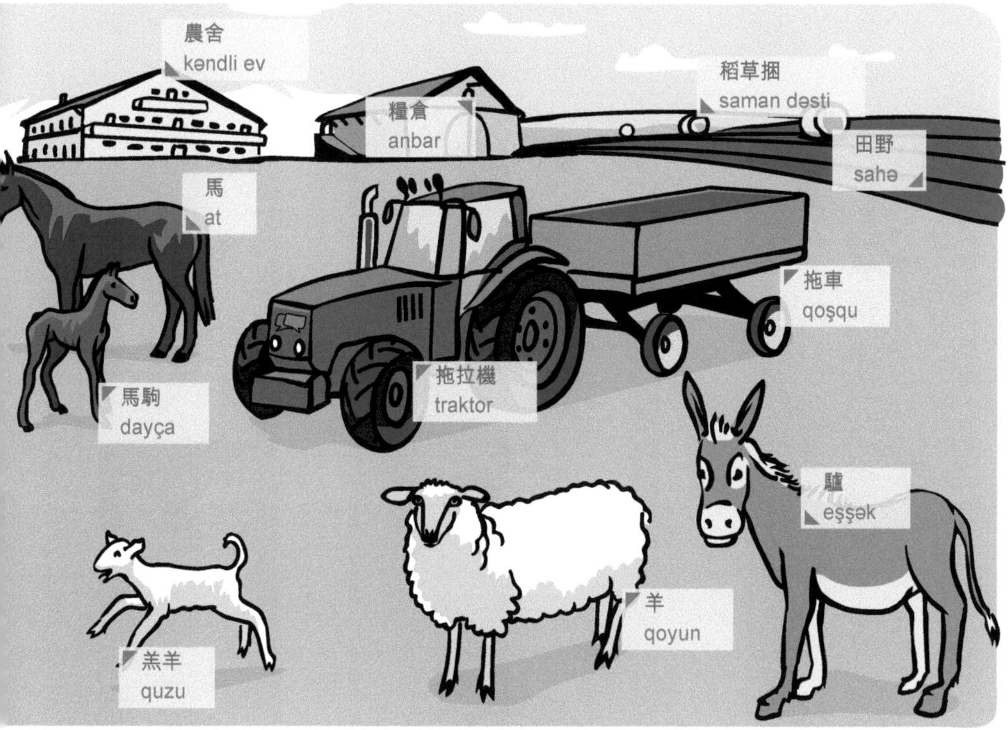

農舍
kəndli ev
糧倉
anbar
稻草捆
saman dəsti
田野
sahə
馬
at
拖車
qoşqu
拖拉機
traktor
馬駒
dayça
驢
eşşək
羊
qoyun
羔羊
quzu

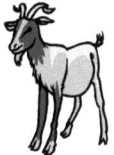

山羊
keçi

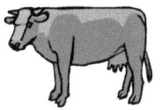

奶牛
inək

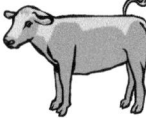

小牛
dana

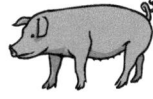

豬
donuz

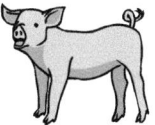

小豬
donuz balası

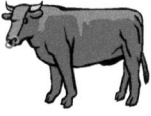

公牛
öküz

鵝
qaz

鴨
ördək

小雞
cücə

母雞
toyuq

公雞
xoruz

鼠
siçovul

貓
pişik

老鼠
siçan

牛
öküz

狗
it

狗屋
itdamı

花園澆水軟管
bağ şlanqı

澆水壺
susəpən

長柄大鐮刀
dəryaz

犁
kotan

鐮刀
oraq

鋤頭
kətman

長柄草耙
yaba

斧頭
balta

獨輪手推車
əl arabası

飼料槽
çalov

牛奶罐
süd bidonu

麻布袋
çuval

柵欄
çəpər

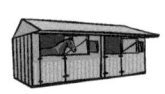

馬廄
tövlə

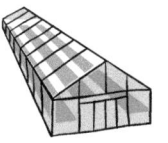

溫室
istixana

土壤
torpaq

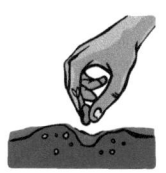

種子
toxum

肥料
gübrə

聯合收割機
taxılbiçən kombayn

收割
məhsul yığmaq

收割
məhsul yığımı

地瓜
yam

小麥
buğda

大豆
soya

土豆
kartof

玉米
dən

油菜籽
raps

果樹
meyvə ağacı

樹薯
maniok

穀物
yarma

房子

ev

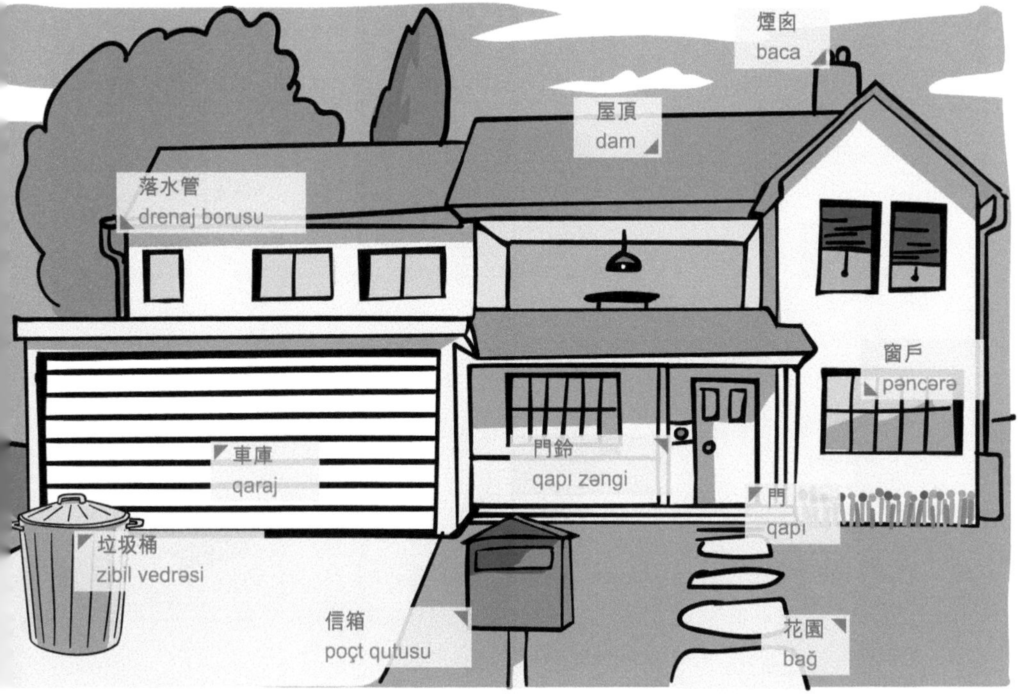

煙囪
baca
屋頂
dam
落水管
drenaj borusu
窗戶
pəncərə
車庫
qaraj
門鈴
qapı zəngi
門
qapı
垃圾桶
zibil vedrəsi
信箱
poçt qutusu
花園
bağ

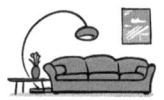

客廳
qonaq otağı

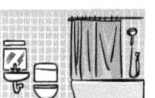

浴室
hamam otağı

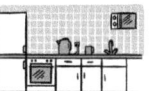

廚房
mətbəx

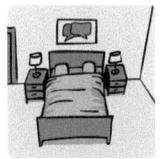

臥室
yataq otağı

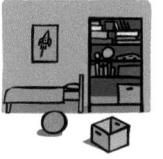

兒童房
uşaq otaqı

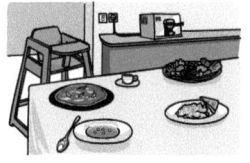

餐廳
yemək otağı

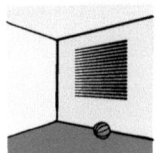

地板

döşəmə

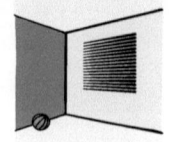

牆壁

divar

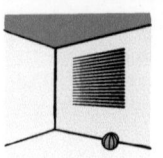

天花板

tavan

地窖

zirzəmi

三溫暖

sauna

陽臺

balkon

露臺

terras

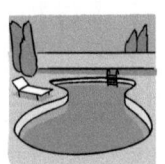

游泳池

üzgüçülük hovuzu

割草機

otbiçən maşın

被單

mələfə

床罩

yataq örtüyü

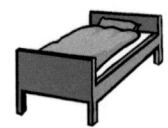

床

yataq

掃帚

süpürgə

水桶

vedrə

開關

elektrik açarı

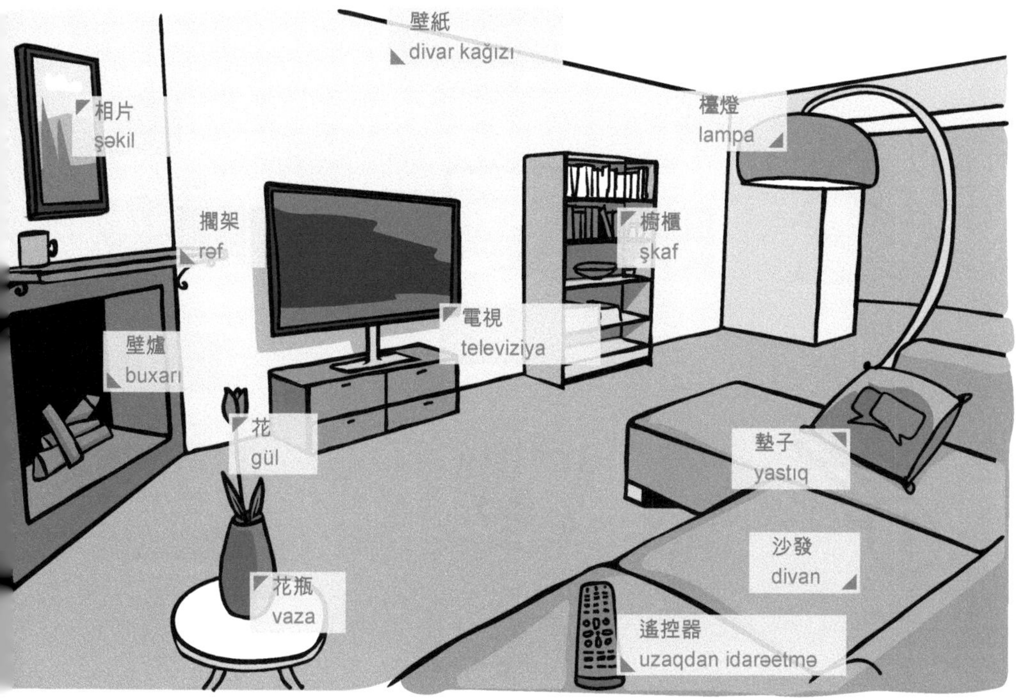

壁紙
divar kağızı

相片
şəkil

櫃燈
lampa

擱架
rəf

櫥櫃
şkaf

壁爐
buxarı

電視
televiziya

花
gül

墊子
yastıq

沙發
divan

花瓶
vaza

遙控器
uzaqdan idarəetmə

地毯
xalça

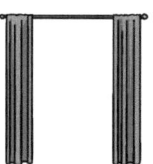

窗簾
pərdə

餐桌
masa

椅子
kreslo

搖椅
yırğalanan stul

扶手椅
kreslo

書
kitab

毯子
yorğan

裝飾品
bəzək

木柴
odun

電影
film

高傳真音響
stereo səs sistemi

鑰匙
açar

報紙
qəzet

油畫
rəsm əsəri

海報
plakat

收音機
radio

筆記本
bloknot

吸塵器
tozsoran

仙人掌
kaktus

蠟燭
şam

廚房

mətbəx

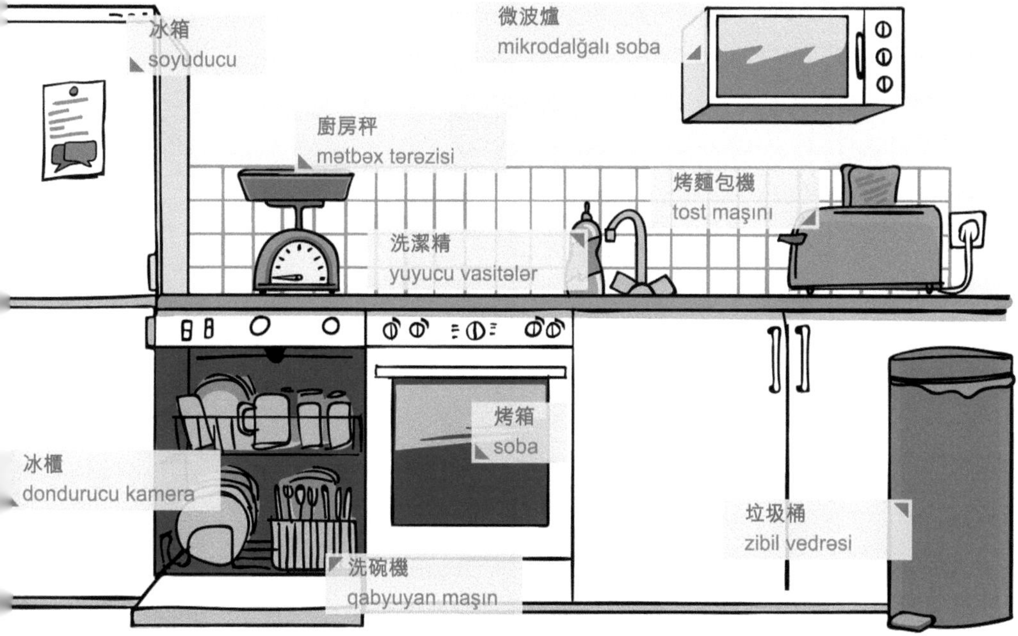

冰箱
soyuducu
微波爐
mikrodalğalı soba
廚房秤
mətbəx tərəzisi
烤麵包機
tost maşını
洗潔精
yuyucu vasitələr
烤箱
soba
冰櫃
dondurucu kamera
垃圾桶
zibil vedrəsi
洗碗機
qabyuyan maşın

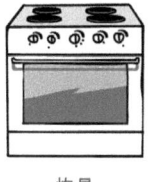

炊具

soba

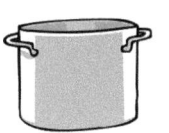

鍋

qazan

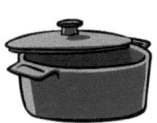

鑄鐵鍋

çuqun qazan

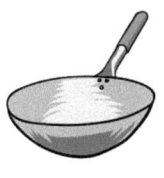

炒鍋

vok / kadai

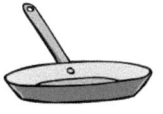

平底鍋

tava

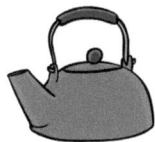

水壺

çaydan

蒸鍋

buxar qazanı

烤盤

sac

陶瓷鍋

qab

馬克杯

fincan

碗

ləyən

筷子

yemək üçün çubuqlar

長柄勺

çömçə

鏟子

spatula

攪拌器

çırpıcı

濾網

süzgəc

篩子

ələk

磨碎機

sürtgəc

研缽

həvəngdəstə

燒烤

barbekyu

明火

ocaq

菜板

doğrama taxtası

擀麵杖

oxlov

開瓶器

probkaçıxaran

罐子

banka

開罐器

bankaağzıaçan

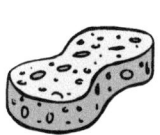

隔熱手套

qabtutan

水槽

əl üz yuyan

刷子

fırça

海綿

süngər

攪拌機

blender

冷藏箱

dondurucu

奶瓶

körpə şüşəsi

水龍頭

kran

浴室

hamam otağı

淋浴
duş
供暖裝置
qızdırıcı
毛巾
dəsmal
浴簾
duş pərdəsi
泡沫浴
köpüklü vanna
浴缸
hamam vannası
玻璃杯
şüşə
洗衣機
paltaryuyan maşın
水龍頭
kran
瓷磚
kafel
便壺
güvəc
水槽
əl üz yuyan

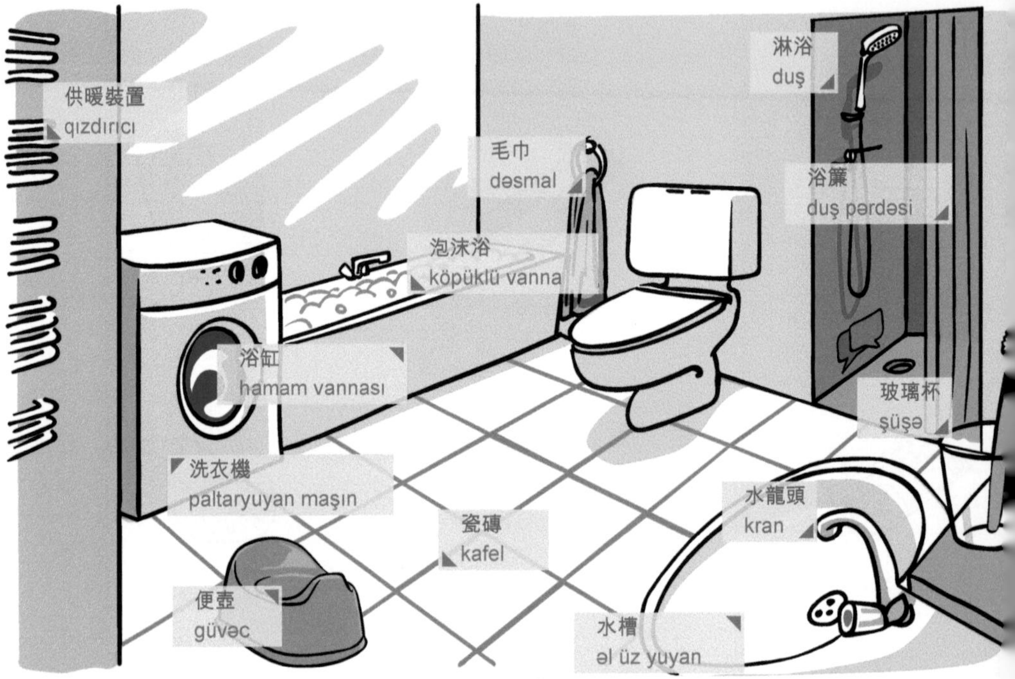

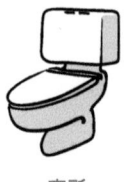

廁所

tualet

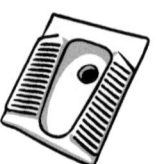

蹲便器

çömbəlmə tualet

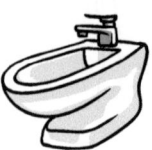

坐浴器

bide

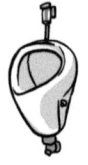

小便斗

urinal

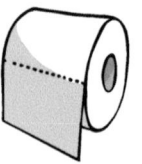

廁紙

tualet kağızı

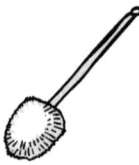

馬桶刷

tualet fırçası

牙刷

diş fırçası

牙膏

diş pastası

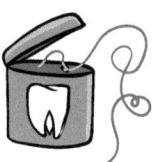

牙線

diş ipi

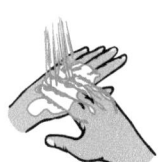

洗

yumaq

手持式蓮蓬頭

əl duşu

沖洗器

intim duş

洗臉盆

taz

洗背刷

bel fırçası

肥皂

sabun

沐浴露

duş üçün gel

洗髮乳

şampun

法蘭絨

əsgi

排水

drenaj

乳霜

krem

除臭劑

dezodorant

鏡子

güzgü

手鏡

əl güzgüsü

刮鬍刀

ülgüc

刮鬍泡沫

üz qırxmaq üçün köpük

鬍後水

təraşdan sonra su

梳子

daraq

刷子

fırça

吹風機

fen

噴髮定型劑

saç spreyi

化妝品

makiyaj

唇膏

dodaq boyası

指甲油

dırnaq lakı

化妝棉

pambıq

指甲剪

dırnaq qayçısı

香水

ətir

洗漱包

gigiyenik torba

凳子

kətil

計重秤

tərəzi

浴袍

hamam xalatı

橡膠手套

rezin əlcək

衛生棉條

tampon

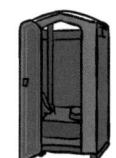

衛生棉

gigiyenik salfet

化學廁所

kimyəvi tualet

兒童房
uşaq otaqı

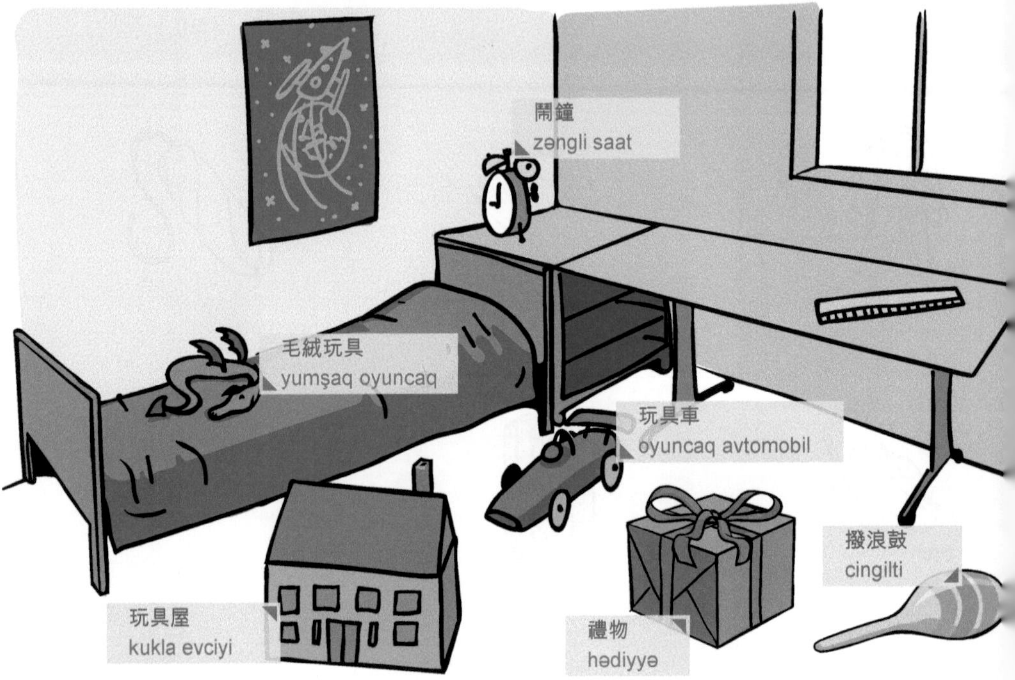

鬧鐘
zəngli saat
毛絨玩具
yumşaq oyuncaq
玩具車
oyuncaq avtomobil
撥浪鼓
cingilti
玩具屋
kukla evciyi
禮物
hədiyyə

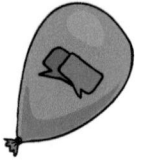

氣球
balon

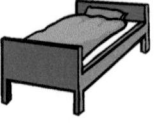

床
yataq

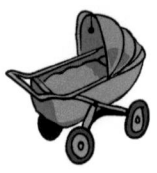

嬰兒車
uşaq arabası

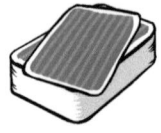

撲克牌
kart dəsti

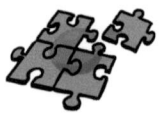

拼圖
elektrik mişarı

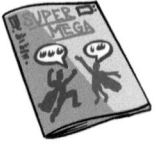

漫畫
komik

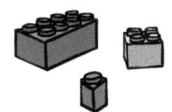

樂高積木

leqo kərpici

積木玩具

konstruktor blokları

公仔

oyuncaq-personaj

嬰兒服

yeni doğulmuş körpələr
üçün geyimi

飛盤

frisbi

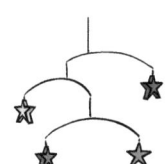

床鈴玩具

yataq üstünə asılan körpə
oyuncağı

棋盤遊戲

masaüstü oyun

骰子

zər

火車模型

oyuncaq qatar

安撫奶嘴

emzik

派對

qonaqlıq

繪本

rəsmli kitab

球

top

洋娃娃

kukla

玩

oynamaq

沙坑

qum qutusu

鞦韆

yellǝncǝk

玩具

oyuncaqlar

電玩遊戲

video oyun konsolu

三輪車

üç tǝkǝrli velosiped

泰迪熊

plüşdǝn hazırlanmış
oyuncaq ayı

衣櫃

şkaf

衣服

geyim

襪子

corab

長襪

corab

緊身褲

kalqotka

圍巾
kaşne

雨傘
çətir

T恤
t-shirt

皮帶
kəmər

靴子
çəkmə

拖鞋
şepit

運動鞋
idman ayaqqabısı

涼鞋
....
sandallar

鞋
....
ayaqqabı

雨靴
....
rezin çəkmələr

內褲
....
dizlik

胸罩
....
lifçik

背心
....
alt köynəyi

身體

alt paltarı

褲子

şalvar

牛仔褲

cins

短裙

yubka

女式襯衫

bluza

襯衫

köynək

套頭衫

sviter

連帽上衣

başlıqlı idman gödəkçəsi

西裝夾克

gödəkçə

夾克

gödəkcə

外套

pencək

雨衣

plaş

套裝

kostyum

連衣裙

paltar

婚紗

gəlin paltarı

西裝

kostyum

睡袍

gecə köynəyi

睡衣

pijama

莎麗

sari

頭巾

hicab / eşarp

包頭巾

çalma

波卡

burka

卡夫坦

kaftan

(阿拉伯式)長袍

abaya

泳衣

çimərlik geyimi

男式泳褲

tumuş

短褲

şort

運動服

məşq kostyumu

圍裙

önlük

手套

əlcək

鈕扣

düymə

眼鏡

eynək

手鏈

bilərzik

項鍊

boyunbağı

戒指

üzük

耳環

sırğa

便帽

papaq

衣架

asılqan

帽子

papaq

領帶

qalstuk

拉鍊

zəncirbənd

安全帽

dəbilqə

背帶

aşırma

校服

məktəb uniforması

制服

uniforma

圍兜
döşlük

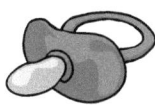

安撫奶嘴
emzik

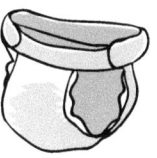

尿布
körpə bezi

辦公室
ofis

檔案櫃
arxiv şkafı

伺服器
server

印表機
printer

螢幕
monitor

紙
kağız

辦公桌
iş masası

滑鼠
siçan

資料夾
qovluq

鍵盤
klaviatura

廢紙簍
zibil qutusu

電腦
kompyuter

椅子
stul

咖啡杯
qəhvə fincanı

計算機
kalkulyator

網際網路
internet

筆記型電腦
laptop

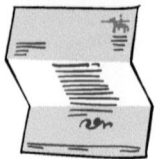

信件
məktub

簡訊
mesaj

行動電話
mobil telefon

網路
şəbəkə

影印機
surətçıxaran maşın

軟體
proqram təminatı

電話
telefon

插座
ştepsel

傳真機
faks

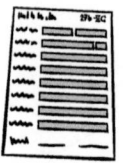

表格
forma

檔案
sənəd

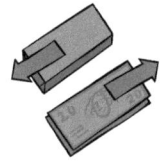

買

satın almaq

付錢

ödəmək

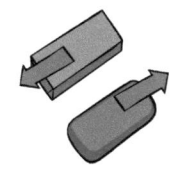

交易

alverlə məşğul olmaq

現金

pul

美元

dollar

歐元

avro

日元

yen

盧布

rubl

瑞士法郎

frank

人民幣

renminbi yuan

盧比

rupi

提款處

bankomat

外幣兌換處
valyuta mübadiləsi
məntəqəsi

金
qızıl

銀
gümüş

石油
neft

能源
enerji

價格
qiymət

合約
müqavilə

稅金
vergi

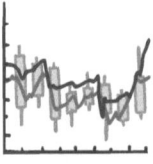

股票
səhm

工作
işləmək

職員
işçi

老闆
işəgötürən

工廠
fabrik

商店
dükan

警官
polis əmərdaşı

消防員
yanğınsöndürən

廚師
aşbaz

醫師
həkim

飛行員
pilot

園丁

bağban

木匠

dülgər

裁縫

dərzi

法官

hakim

化學家

kimyaçı

演員

aktyor

公車司機

avtobus sürücüsü

計程車司機

taksi sürücüsü

漁夫

balıqçı

清洗女工

xadimə

屋頂工

dam işçisi

服務生

ofisiant

獵人

ovçu

畫家

rəssam

麵包師

çörəkçi

電工

elektrik ustası

建築工人

inşaat işçisi

工程師

mühəndis

屠夫

qəssab

水管工

santexnik

郵差

poçtalyon

士兵
əsgər

建築師
memar

收銀員
kassir

花農
gül-çiçək satıcısı

理髮師
bərbər

售票員
konduktor

機械技師
mexanik

船長
kapitan

牙醫
diş həkimi

科學家
alim

拉比
ravvin

伊瑪目
imam

和尚
rahib

牧師
keşiş

職業 - peşə

工具
alətlər

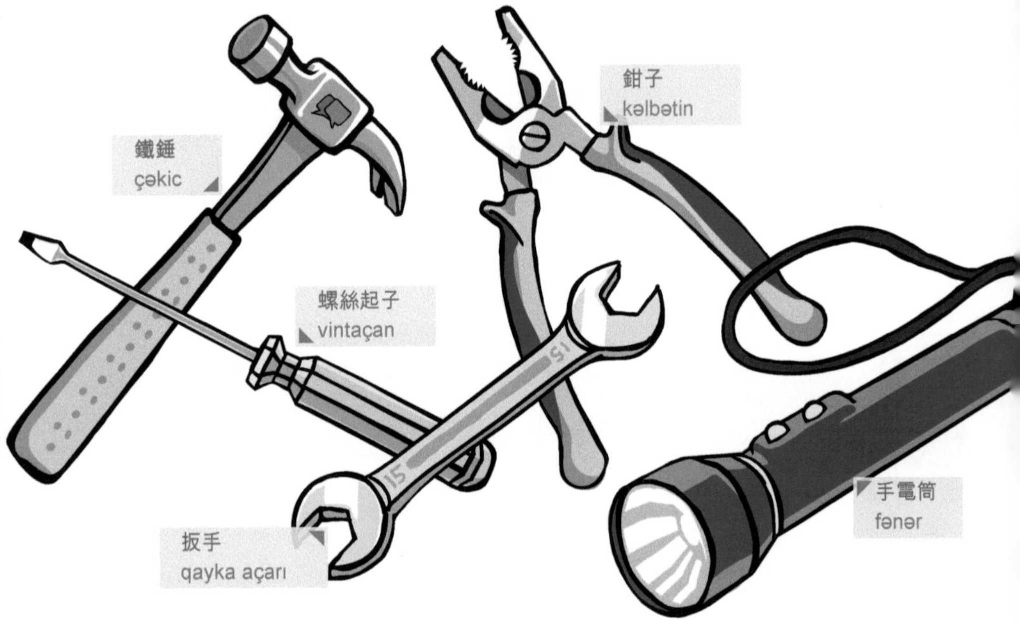

鐵錘
çəkic
鉗子
kəlbətin
螺絲起子
vintaçan
扳手
qayka açarı
手電筒
fənər

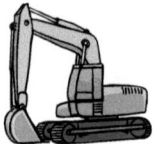

挖掘機

ekskavator

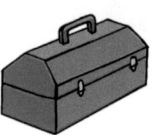

工具箱

alətlər qutusu

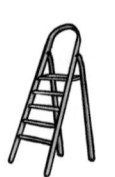

梯子

nərdivan

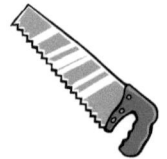

鋸子

mişar

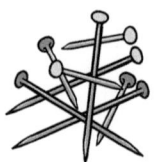

釘子

dırnaqlar

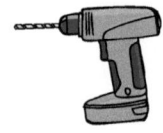

鑽機

drel

修
təmir etmək

鏟子
kürək

糟糕！
Lənət olsun!

畚箕
xəkəndaz

油漆桶
boya vedrəsi

螺絲
vintlər

樂器

musiqi alətləri

揚聲器
dinamik

打擊樂器
zərb alətləri

吉他
gitara

低音提琴
kontrabas

小號
trompet

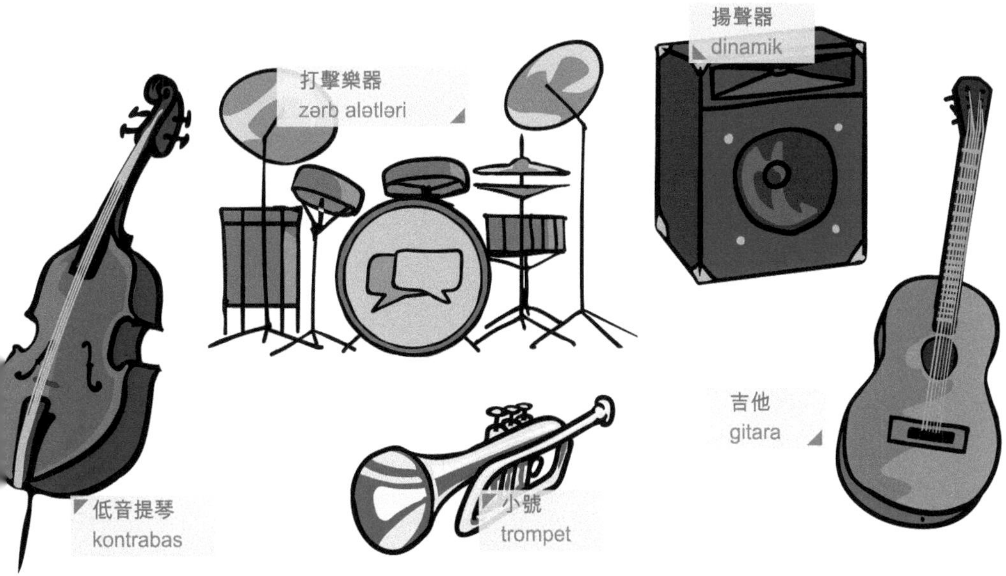

鋼琴

fortepiano

小提琴

skripka

貝斯

bas

定音鼓

timpani

鼓

nağara

電子琴

sintezator

薩克斯風

saksafon

長笛

fleyta

麥克風

mikrofon

動物園
zoopark

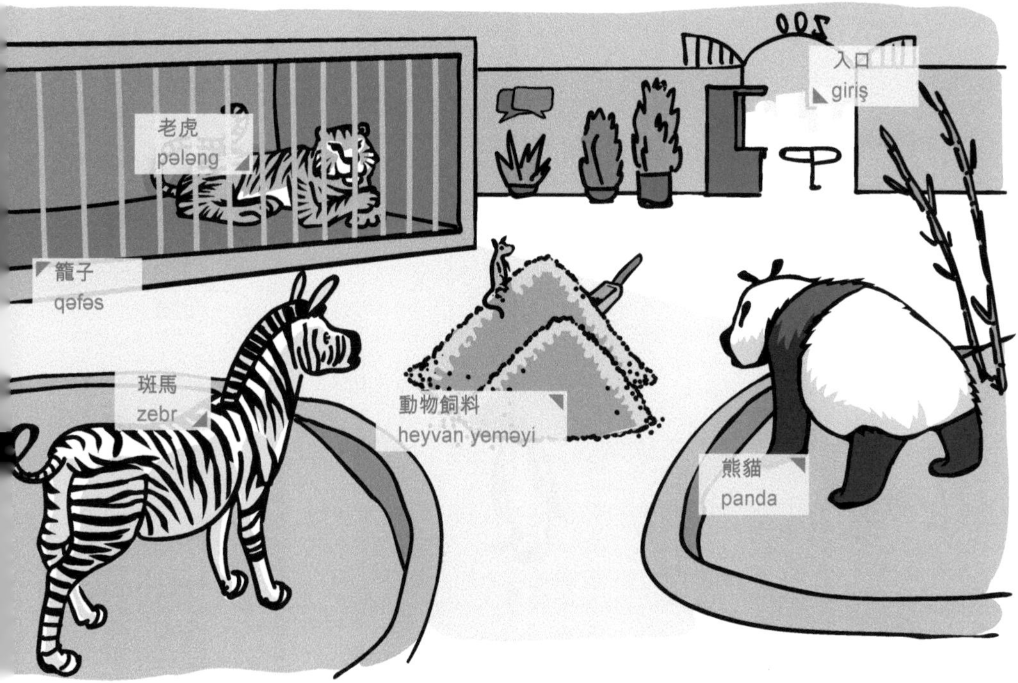
zoo
入口
giriş
老虎
pələng
籠子
qəfəs
斑馬
zebr
動物飼料
heyvan yeməyi
熊貓
panda

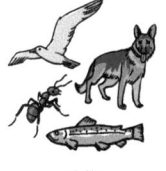

動物

heyvanlar

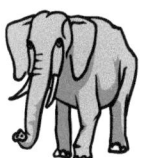

大象

fil

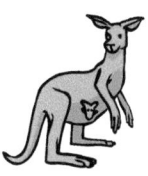

袋鼠

kenquru

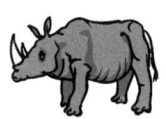

犀牛

kərgədan

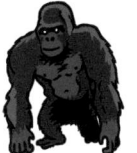

大猩猩

qorilla

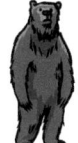

熊

ayı

駱駝

dəvə

鴕鳥

dəvəquşu

獅子

aslan

猴子

meymun

紅鶴

flamingo

鸚鵡

tutuquşu

北極熊

qütb ayısı

企鵝

pinqvin

鯊魚

köpəkbalığı

孔雀

tovuz

蛇

ilan

鱷魚

timsah

動物園管理員

zoopark işçisi

海豹

suiti

美洲豹

yaquar

矮種馬
poni

豹
bəbir

河馬
hippopotam

長頸鹿
zürafə

老鷹
qartal

野豬
qaban

魚
balıq

龜
tısbağa

海象
morj

狐狸
tülkü

羚羊
ceyran

橄欖球
amerikan futbolu

騎腳踏車
velosiped sürmək

網球
tennis

籃球
basketbol

游泳
üzgüçülük

拳擊
boks

冰球
buz xokkeyi

美式足球
futbol

羽毛球
badminton

田徑
yüngül atletika

手球
həndbol

滑雪
xizək

馬球
polo

活動

fəaliyyət

跳
tullanmaq
擁抱
qucaqlaşmaq
笑
gülmək
走路
getmək
唱
oxumaq
做夢
yuxu qörmək
祈禱
dua etmək
親吻
öpüşmək

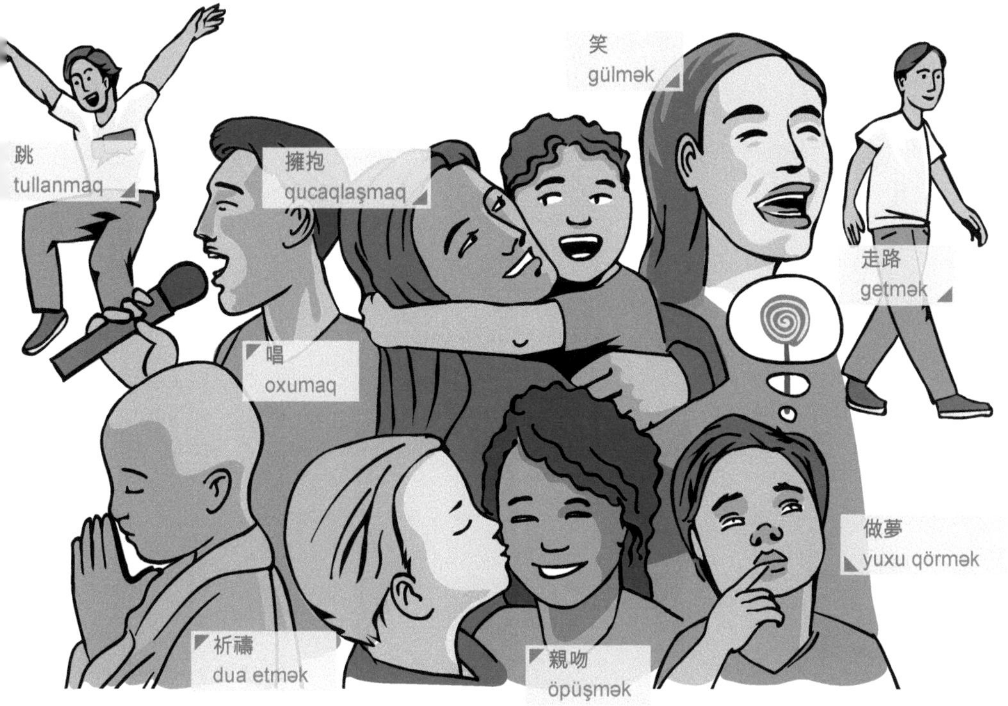

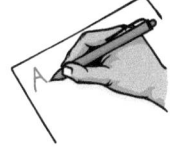

書寫

yazmaq

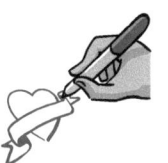

畫

çəkmək

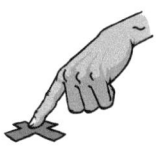

展示

göstərmək

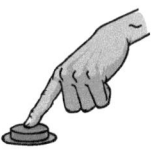

推

itələmək

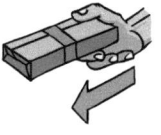

給

vermək

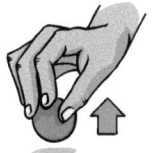

拿

götürmək

有
sahibi olmaq

做
etmək

當
olmaq

站
durmaq

跑
qaçmaq

拉
çəkmək

丟
atmaq

摔倒
düşmək

躺
uzanmaq

等待
gözləmək

攜帶
daşımaq

坐
oturmaq

穿衣
geyinmək

睡覺
yatmaq

醒來
ayılmaq

看
baxmaq

哭
ağlamaq

擊
sığallamaq

梳頭
daramaq

交談
danışmaq

明白
anlamaq

問
soruşmaq

聽
dinləmək

喝
içmək

吃
yemək

清理
təmizləmək

愛
sevmək

做飯
bişirmək

開車
sürmək

飛
uçmaq

活動 - fəaliyyət

航行
üzmək

計算
hesablamaq

讀
oxumaq

學習
öyrənmək

工作
işləmək

結婚
evlənmək

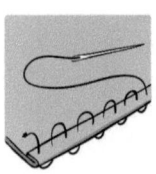

縫
tikmək

刷牙
dişləri təmizləmək

殺
öldürmək

抽菸
siqaret çəkmək

寄
göndərmək

祖母
nənə

嬰兒
körpə

母親
ana

祖父
baba

祖父
baba

父親
ata

女兒
qız

兒子
oğul

客人

qonaq

阿姨

xala/bibi

叔叔

əmi/dayı

兄弟

qardaş

姐妹

bacı

身體

bədən

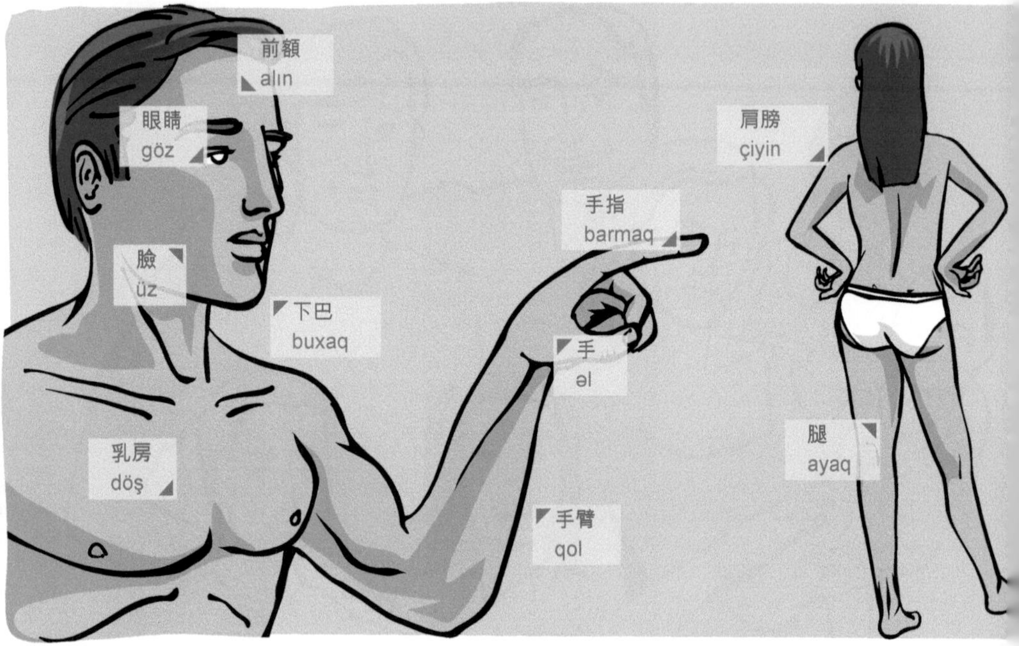

前額
alın
眼睛
göz
肩膀
çiyin
手指
barmaq
臉
üz
下巴
buxaq
手
əl
腿
ayaq
乳房
döş
手臂
qol

嬰兒

körpə

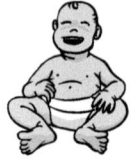

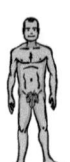

男人

kişi

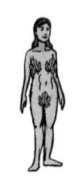

女人

qadın

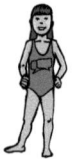

女孩

qız

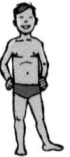

男孩

oğlan

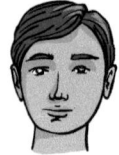

頭

baş

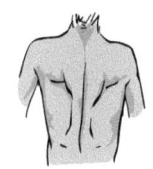

背部

bel

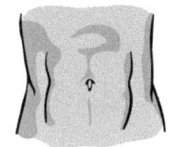

肚子

qarın

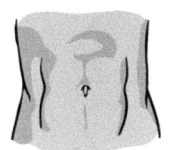

肚臍

göbək

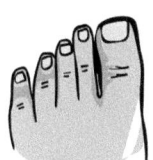

腳趾

ayaq barmağı

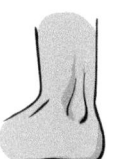

腳後跟

daban

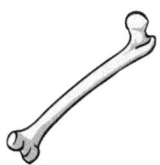

骨頭

sümük

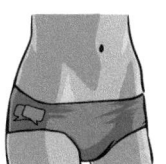

臀部

bud

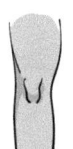

膝蓋

diz

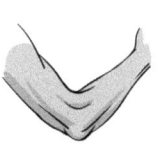

手肘

dirsək

鼻子

burun

屁股

sağrı

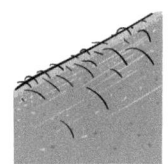

皮膚

dəri

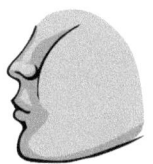

臉頰

yanaq

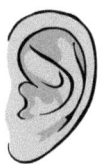

耳朵

qulaq

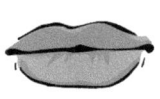

嘴唇

dodaq

嘴

ağız

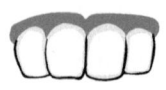

牙齒

diş

舌頭

dil

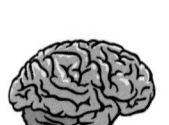

腦

beyin

心臟

ürək

肌肉

əzələ

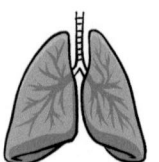

肺

ağciyər

肝臟

qaraciyər

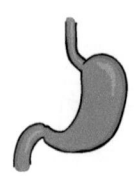

胃

mədə

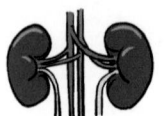

腎臟

böyrəklər

性交

cinsi yaxınlıq

保險套

kondom

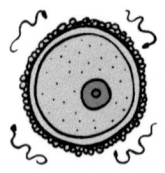

卵子

qadın cinsi hüceyrə

精子

sperma

懷孕

hamiləlik

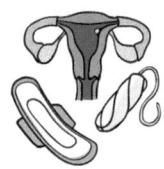

月事

aybaşı

陰道

vagina

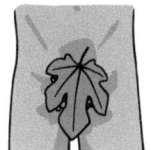

陰莖

penis

眉毛

qaş

頭髮

saç

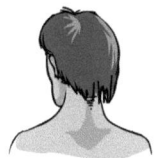

脖子

boyun

醫院
xəstəxana

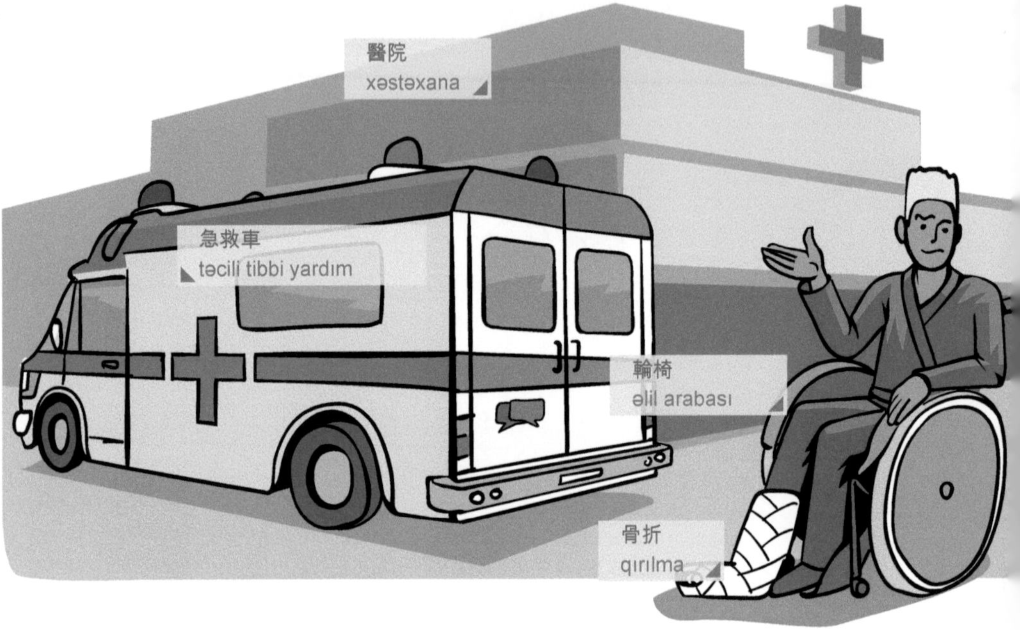

醫院
xəstəxana

急救車
təcili tibbi yardım

輪椅
əlil arabası

骨折
qırılma

醫師

həkim

急診室

reanimasiya şöbəsi

護理師

tibb bacısı

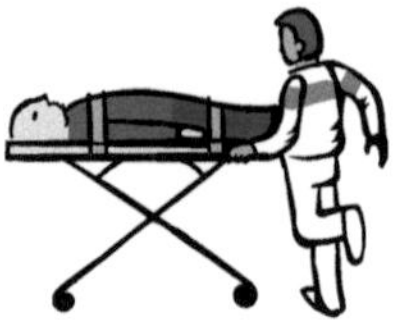

緊急情形

fövqələdə hallar

昏迷

huşunu itirmiş

痛

ağrı

受傷
zədə

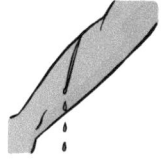

出血
qanaxma

心臟病發作
infarkt

中風
insult

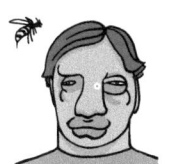

過敏
allergiya

咳嗽
öskürək

發燒
qızdırma

流感
qrip

腹瀉
ishal

頭痛
başağrısı

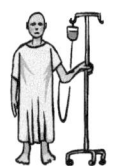

癌症
xərçəng

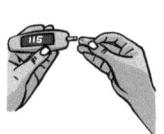

糖尿病
şəkərli diabet

外科醫師
cərrah

手術刀
neştər

手術
əməliyyat

電腦斷層掃描

CT

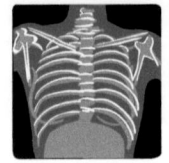

X光

rentgen

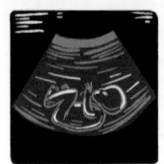

超音波

ultrasəs

口罩

maska

疾病

xəstəlik

候診室

gözləmə otağı

拐杖

qoltuqağacı

石膏

plaster

繃帶

sarğı

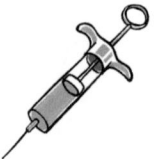

注射

inyeksiya

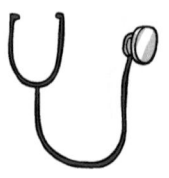

聽診器

steteskop

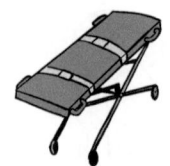

擔架

xərək

體溫計

hərarətölçen

出生

doğum

超重

çəki artıqlığı

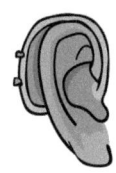

助聽器

eşitmə aparatı

消毒液

dezinfeksiyaedici

感染

infeksiya

病毒

virus

愛滋病

QİÇS

藥物

tibb

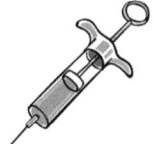

接種疫苗

peyvənd

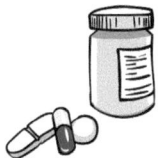

藥片

həblər

藥丸

həb

急救電話

təcili zəng

血壓計

qan təzyiqini ölçmək üçün cihaz

生病/健康

xəstə / sağlam

救命！

Kömək edin!

警報

həyəcan siqnalı

突擊

basqın

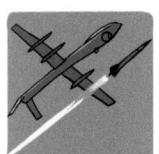

攻擊

hücum

危險

təhlükə

緊急出口

ehtiyat çıxışı

失火了！

Yanğın!

滅火器

odsöndürən

意外

qəza

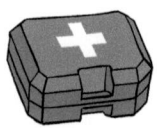

急救箱

ilkin yardım qutus

呼救訊號

SOS

員警

polis

歐洲

Avropa

北美洲

Şimali Amerika

南美洲

Cənubi Amerika

非洲

Afrika

亞洲

Asiya

澳洲

Avstraliya

大西洋

Atlantik

太平洋

Sakit Okean

印度洋

Hind okeanı

南冰洋

Antarktika Okeanı

北冰洋

Şimal Buzlu okeanı

北極

Şimal qütbü

南極

Cənub qütbü

南極洲

Antarktika

地球

Yer kürəsi

陸地

ölkə

海

dəniz

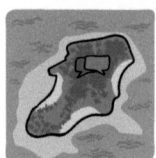

島

ada

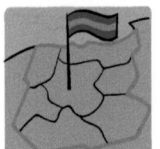

國家

millət

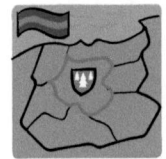

州

dövlət

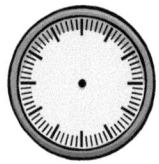

錶盤

siferblat

時針

saat əqrəbi

分針

dəqiqə əqrəbi

秒針

saniyə əqrəbi

現在幾點？

Saat neçədir?

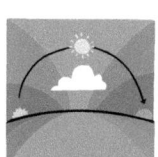

天

gün

時間

vaxt

現在

indi

電子錶

rəqəmsal saat

分

dəqiqə

時

saat

週

həftə

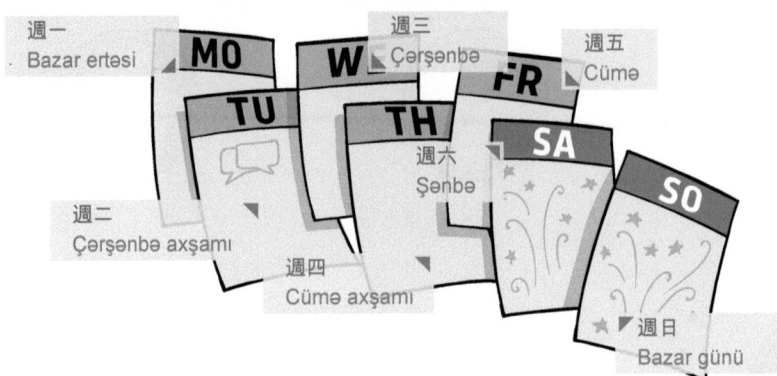

週一
Bazar ertəsi

週三
Çərşənbə

週五
Cümə

週二
Çərşənbə axşamı

週四
Cümə axşamı

週六
Şənbə

週日
Bazar günü

昨天

dünən

今天

bugün

明天

sabah

早晨

səhər

中午

günorta

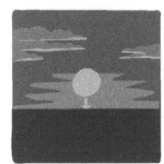

晚上

axşam

工作日

iş günü

週末

həftə sonu

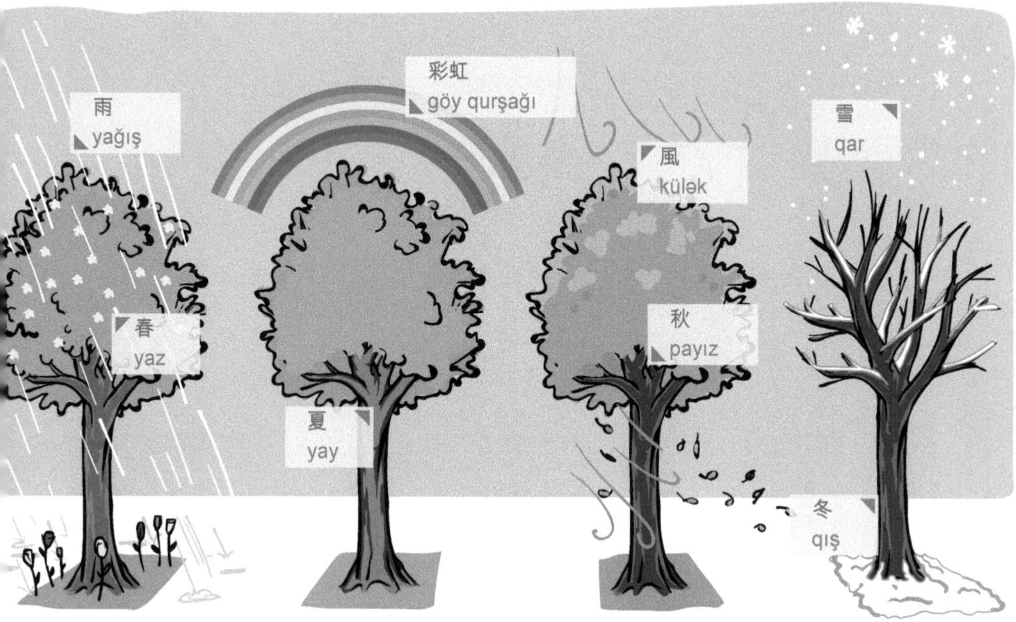

雨
▶ yağış

彩虹
▶ göy qurşağı

風
▶ külək

雪
▶ qar

春
▶ yaz

夏
yay

秋
▶ payız

冬
qış

天氣預告

hava proqnozu

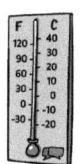

溫度計

termometr

陽光

günəş işığı

雲

bulud

霧

duman

潮濕

rütubət

閃電

ildırım

打雷

göy gurultusu

風暴

fırtına

冰雹

dolu

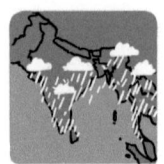

季風

musson

洪水

daşqın

冰

buz

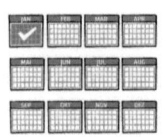

一月

yanvar

二月

fevral

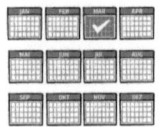

三月

mart

四月

aprel

五月

may

六月

iyun

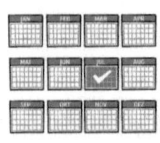

七月

iyul

八月

avqust

九月
....
sentyabr

十月
....
oktyabr

十一月
....
noyabr

十二月
....
dekabr

形狀
formalar

圓形
....
dairə

正方形
....
kvadrat

長方形
....
düzbucaqlı

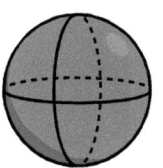

三角形
....
üçbucaq

球體
....
kürə

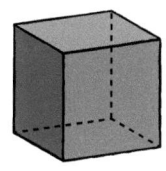

立方體
....
kub

白

ağ

黃

sarı

橙

narıncı

粉

çəhrayı

紅

qırmızı

紫

bənövşəyi

藍

mavi

綠

yaşıl

棕

palıdı

灰

boz

黑

qara

很多/少許

çox / az

生氣/平靜

qeyzli / sakit

美/醜

yaraşıqlı / eybəcər

首/尾

başlanğıc / son

大/小

böyük / kiçik

明/暗

işıqlı / qaranlıq

兄弟/姐妹

qardaş / bacı

乾淨/骯髒

təmiz / kirli

完整/缺失

tam / natamam

白天/晚上

gündüz / gecə

死/生

ölü / diri

寬/窄

geniş / dar

可食用/非食用

yeməli / yeyilməyən

邪惡/善良

hirsli / mehriban

興奮/無聊

həyəcanlı / bezmiş

胖/瘦

kök / arıq

第一/最後

ilk / son

朋友/敵人

dost / düşmən

滿/空

dolu / boş

硬/軟

sərt / yumşaq

重/輕

ağır / yüngül

餓/渴

aclıq / susuzluq

生病/健康

xəstə / sağlam

非法/合法

qanunsuz / qanuni

聰明/愚笨

ağıllı / axmaq

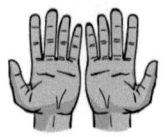

左/右

sol / sağ

近/遠

yaxın / uzaq

新/舊

yeni / istifadə edilmiş

沒有/有些

heç bir şey / bir şey

老/幼

qoca / gənc

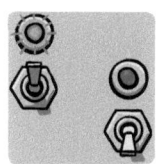

開/關

açma / bağlama

打開/闔上

açıq / bağlı

安靜/吵鬧

sakit/ bərk

富/窮

varlı / kasıb

對/錯

düzgün / səhv

粗糙/光滑

kobud / hamar

傷心/高興

kədərli / xoşbəxt

短/長

qısa / uzun

慢/快

yavaş / sürətli

濕/乾

yaş / quru

溫暖/涼爽

isti / sərin

戰爭/和平

müharibə / sülh

反義詞 - əksinə

0

零

sıfır

1

一

bir

2

二

iki

3

三

üç

4

四

dörd

5

五

beş

6

六

altı

7

七

yeddi

8

八

səkkiz

9

九

doqquz

10

十

on

11

十一

on bir

12
十二
on iki

13
十三
on üç

14
十四
on dörd

15
十五
on beş

16
十六
on altı

17
十七
on yeddi

18
十八
on səkkiz

19
十九
on doqquz

20
二十
iyirmi

100
百
yüz

1.000
千
min

1.000.000
百萬
milyon

英語

İngilis dili

美式英語

İngilis dilinin amerikan variantı

普通話

Çin dilinin Mandarin dialekti

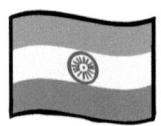

印地語

Hind dili

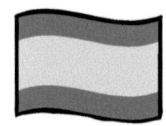

西班牙語

İspan dili

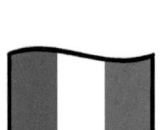

法語

Fransız dili

阿拉伯語

Ərəb dili

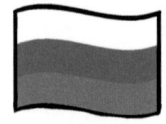

俄語

Rus dili

葡萄牙語

Portuqal dili

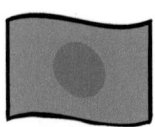

孟加拉語

Benqal dili

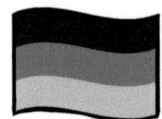

德語

Alman dili

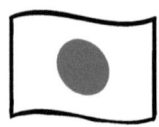

日語

Yapon dili

我
mən

你
sən

他/她/它
o / o / o

我們
biz

你們
siz

他們
onlar

誰？
kim?

什麼？
nə?

如何？
necə?

何處？
harada?

何時？
nə zaman?

名字
ad

方位

harada

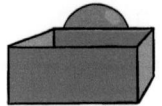

後面
arxadan

裡面
içində

前面
qarşısında

上方
üzərində

上面
dair

下麵
altında

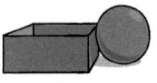

旁邊
yanaşı

中間
arasında

地點
yer